SPÜRE DIE KRAFT

SPÜRE DIE KRAFT

Texte von Brigitte Bohnhorst
zu den Bildern von Ulrike Schneiders

Herder Freiburg · Basel · Wien

Spüre
die Kraft,
die in dir steckt.

Verzage nicht.
Besinne dich
auf deine
Fähigkeiten,
und du
wirst überrascht sein,
wenn du
dich neu
entdeckst.

Was glatt ist,
schmeichelt
dem Gefühl.

Das Kantige
gibt Charakter.

Der geschliffene Stein
gleicht den anderen.

Wenn
das Gefühl
der Sicherheit
zur Bedrückung wird,
öffne
deine Türen
und Fenster,
lasse den Wind
der Sehnsucht
und das Licht
der Hoffnung
hinein.

Dann werden
die Flammen
der Freiheit
größer
und
die Schatten
kleiner.

Es nutzt nichts,
sich einzumauern
aus Angst,
die Gefahren der Welt
nicht bewältigen
zu können.

Nur die Erstarrung
ist bedrohlich,
sie läßt
die Zeit
stehenbleiben.

Auf der
schwarzen Asche
deiner Enttäuschung
keimt
neue Zuversicht
aus dem
lebensspendenden
Tau
deiner Tränen.

Warum
sollten dich
Hindernisse entmutigen?

Wälle und Mauern
geben Halt.

Wälle und Mauern
lassen dich reifen.

Du kannst sie
überwinden
oder
in ihrem Schatten

Schutz
suchen.

Es liegt ganz bei dir.

Was
gestern
unüberwindbar schien,
ist im Rückblick
nur eine Schwelle
auf deinem Lebensweg.

Muße haben,
Stille
einatmen,
Zeit
der Besinnung.

Genieße
den Augenblick
des Glücks
und fühle,
worauf
es dir
ankommt.

Wenn
du nur
auf
die Hindernisse
blickst,
verlierst
du
das Ziel
aus
den Augen.

Lerne zu sehen –
es macht dich
glücklich.

Lerne zu ertragen –
es macht dich
stark.

Lerne mitzufühlen,
es macht dich
reich.

Deine
Hoffnung
ist eine Blüte,
die du
nicht zertreten
darfst.

Wenn
du sie
hegst,
entsteht
aus ihr
ein Blütenmeer.

Um dich herum
baust du

einen Schutzwall.

Nun
fühlst du dich sicher,
niemand kommt
an dich heran.
Doch
für dich unbemerkt
wächst
die Einsamkeit.

Laß
eine Öffnung
in deiner Mauer.
Sie macht
dich vielleicht verwundbar,
schenkt dir aber auch
die Wärme
des Menschen neben dir.

In der
Erinnerung
wird
unfaßbares Leid
erträglich.

Träume
von
Geld, Genuß und Erfolg
treiben uns
durchs Leben.

Ein
Schlag des Schicksals
beweist
uns unsere
Grenzen.

Jetzt erst
erkennen wir
das Glück im Alltäglichen:
ein Dach über dem Kopf zu haben,
den Fuß zum Schritt heben zu können,
Luft zum Atmen haben,
frei sein von Schmerzen,
lachen können.

Endlich
wissen wir:
Wir
sind steinreich.

Mit
manchen Menschen
willst du
nichts
zu tun haben.
Deine
Vorurteile
machen dich blind.
Nur
wer
Vertrauen sät,
kann Vertrauen ernten.

Die Zeit
ist ein
mächtiger Meister.

Selbst
Steine gestaltet
sie nach
ihrem Willen.

Wieviel mehr
mußt du
dich ihr
beugen.

Versteinere nicht!

Du glaubst,
es wäre
zu deinem Schutz nötig.

Laß dich berühren.
Bleibe verletzbar.
Bleibe ein Mensch!

In unserer Lebenslandschaft
wechseln sich
Licht und Schatten ab.

Weißt du, was dich
hinter der nächsten Biegung
erwartet?

Nimm sie
mit Besonnenheit.

Falten
im Antlitz
der Erde,
Zeichen
des Wirkens
der Zeit.

Wenn
der Stein
nicht makellos bleibt,
wie wenig
dann erst
der vergängliche
Mensch.

Sich
gestrandet fühlen,
heißt nicht
hilflos sein.

Vielleicht
verordnet dir
das Schicksal
nur
eine Ruhepause,
die du
dringend
brauchst.

Nur
in der Stille
findest du
die Kraft,
dir einzugestehen,
wer
du wirklich
bist.

Was ist Jugend?
Was ist Alter?

Unvergänglich
sind die Steine
in ihrer
vom Wasser
geschliffenen Schönheit.

Uns
ziert die Zeit
mit den Zeichen
der Reife.

Je mehr
wir sie annehmen,
desto vollkommener
wird unser
Gleichklang
mit dem
Gleichmaß
des Lebens.

Durch
den Stein
in deiner Hand
spürst du
das Alter

und die Kraft
der Erde.

Du
weißt dich
geborgen,
in der
Zeit
getragen
von den Steinen,
die dich
auf deinem Weg
begleiten.

Sich unter Gleichen
verstanden und
angenommen wissen
sind notwendige
Stationen
auf dem Weg
zur Selbstwerdung.

Doch nur selten
kann
zusammenbleiben,
was
zusammengehört.

Dann
erst wird sich
erweisen,
wie ausgeprägt
du selbst
geworden
bist.

Es kommt der Moment
in deinem Leben,
da mußt du
einiges zurechtrücken,
deinen Standpunkt verändern,
eine neue Betrachtungsweise wählen.

Dieser Einschnitt
ist nicht schmerzfrei –
aber er macht
den Blick frei.

Du wankst,
kannst dich
nicht entscheiden.
Bist
hin- und hergerissen
zwischen
verweilen und flieh'n.

Wurzeln schlagen
und wissen:
Ich bleibe!

Was
gibt mehr
Geborgenheit?

Gefangen
in dir selbst
übersiehst
du
die vorhandenen
Auswege.
Du mußt dich
entscheiden,
ob du zum Licht
gehen willst.

Wählst
du den mühevollen
oder den bequemen
Ausgang?

Oder
bleibst du?

Der
vor dir war,
hat dir
die Steine
verfügbar gemacht.
Damit
dein Weg
durch die Zeit
leichter sei.

Konfetti
vom Baum
des Lebens
erinnert
an heitere Tage.

Nichts
macht dich
gelassener
als der Augenblick,
mit dem du
in Einklang
bist.

Im Verlag Herder sind außerdem erschienen:

Margot Bickel / Hermann Steigert

Geh deinen Weg
ISBN 3-451-26925-2

Pflücke den Tag
ISBN 3-451-26692-X

Wage zu träumen
ISBN 3-451-26924-4

Martina Brandenburger / Ulrike Romeis

Folge deinem Herzen
ISBN 3-451-26942-2

Hermann J. Brüggemann / Wolfgang Klinkusch

Liebe dein Leben
ISBN 3-451-27164-8

Schritte zu dir
ISBN 3-451-23175-1

Hermann J. Brüggemann / Florian Werner

Vertraue dem Herzen
ISBN 3-451-26463-3

Knud Eike Buchmann / Ulrike Schneiders

Im Garten des Lebens
ISBN 3-451-23176-X

Max Galli

In deiner Hand
ISBN 3-451-27166-4

Tina und Horst Herzig

Höchste Zeit zu leben
ISBN 3-451-27165-6

Endlich ein Lichtblick
ISBN 3-451-27280-6

Birgitt und Werner Knubben

Du bist ein Geschenk
ISBN 3-451-26577-X

Ludger Schwarzwald / Roland Gerth

Lebe den Augenblick
ISBN 3-451-26058-1

Vergiss die Sterne nicht
ISBN 3-451-26569-9

Renate Wanitschke / Anselm Spring

Wachse ins Leben
ISBN 3-451-27823-5

3. Auflage

Satz: Layoutsatz Kendlinger, Freiburg
Reproduktionen: RETE GmbH, Freiburg
Herstellung: Milanostampa S.p.A. – New Interlitho, Mailand 2000
ISBN 3-451-26693-8